HOMMAGE

RENDU A LA MÉMOIRE

DU

DOCTEUR BOUILLAUD

PAR

M. L'Abbé J.-D.-H. MATKOSKY

Fortitudo mea fides.

ANGOULÊME
IMPRIMERIE ROUSSAUD
RUE TISON D'ARGENCE
—
1882

HOMMAGE

RENDU A LA MÉMOIRE

DU

DOCTEUR BOUILLAUD

PAR

M. L'Abbé J.-D.-H. MATKOSKY

Fortitudo mea fides.

ANGOULÊME
IMPRIMERIE ROUSSAUD
RUE TISON D'ARGENCE
—
1882

AVANT-PROPOS

Fortitudo mea fides.

Plus d'une voix amie m'a encouragé à publier ce modeste travail, amené, commandé par les circonstances, en vue de payer à une grande mémoire, mon bien faible mais bien légitime tribut d'éloges, de regrets, de respect et d'amitié.

Une vie qui embrasse presque la durée d'un siècle, une vie toute patriarcale, chose si rare à notre époque ; une vie comme celle du docteur Bouillaud, dont le nom va rayonner à tout jamais sur l'horizon, à travers le lointain des âges, à l'égal des plus grands noms ; engagé volontaire à dix-huit ans, pour défendre, les armes à la main, le sol sacré de la patrie contre l'étranger envahisseur ; praticien des plus habiles et des plus consommés dans l'art d'Hippocrate ; conférencier célèbre ; rude et infatigable travailleur, avec un diagnostic sans pareil, rehaussé encore, agrandi, fortifié par les lumières supérieures que donne la foi ; une telle vie, vie qui n'a pas été sans grandeur et sans gloire, n'est ni une vie à dédaigner, ni une vie à laisser vouée à l'oubli.

Elle mérite à tous égards de fixer l'attention publique, d'être remise en lumière pour l'instruction de tous, ne dût-elle ramener ou retenir dans le bon chemin que quelques rares élus. « *Apparent rari nantes in gurgite vasto.* »

Les fortes leçons n'ont pas le don de plaire, tant s'en faut ; elles ont si peu d'attrait pour les gens de plaisir et d'affaires ; et il s'en rencontre un peu partout, au temps où nous vivons, et même dans tous les temps, si l'on en croit la vieille parole de nos livres saints, si connue, et que je n'ai pas à répéter ici.

Quoi qu'il en soit, et malgré les bourrasques et tous les vents contraires, jamais il ne faut renoncer à l'espérance d'un meilleur avenir, jamais il ne faut se laisser abattre par les coups répétés de l'adversité, jamais il ne faut désespérer du salut, du relèvement d'un pays, sur le sol duquel on voit croître et s'élever de tels hommes, de ces hommes pareils aux cèdres du Liban, de ces hommes qui savent regarder la mort en face, sans pâlir, et dont le front se dresse sublime vers les cieux.

C'est à grands traits que M. Paul Labarthe s'est appliqué, dans la presse parisienne, à esquisser l'imposante physionomie du savant après sa mort.

Aussi bien, c'est à grands traits que je vais essayer d'esquisser, à mon tour, la douce et calme physionomie du chrétien beaucoup moins connu, à ce point de vue, que le savant.

On aura ainsi devant soi le grand homme au complet.

Et, debout sur son piédestal, le front ceint d'une double auréole, paré du rayon de l'immortalité, dans tout l'éclat de sa gloire et de sa renommée européenne, Bouillaud apparaîtra, tel qu'il a été, dans son jour le plus lumineux, aux regards étonnés de ses contemporains qui ne le connaissent pas assez, comme aux regards ravis de la postérité.

Trop heureux, si je parviens à reproduire quelques-uns des traits les plus saillants de la vie magistrale du savant chrétien, qui, après avoir été à la peine, mérite bien d'aller à l'honneur !

Et la mâle figure, une des plus remarquables de ce siècle, présentée sous un double aspect à l'admiration universelle, illuminée tout à la fois et des rayons de la science et des rayons de la foi, astre brillant sous notre ciel un peu trop clair-semé de si étincelants soleils, ne pourra que grandir dans l'opinion et resplendir d'une plus vive et plus sereine clarté.

Mais avant que de faire connaître le chrétien, cédons la parole à M. Paul Labarthe ; et, avec la compétence qui lui est propre, le docteur va se faire un devoir de nous entretenir en forts bons termes du savant.

Encore un mot, et j'ai fini.

C'est honorer grandement son pays, c'est l'illustrer, c'est ajouter à sa renommée, que de s'attacher, avec un soin jaloux, à louer, à relever, à célébrer le mérite de ses grands hommes.

Et un jour, Angoulême, fidèle au culte traditionnel des grands souvenirs, fidèle à sa fière et noble devise, inscrite en tête de ces pages, aura à cœur et tiendra à honneur de lui élever une statue, comme pour imprimer à sa gloire un cachet indélébile, comme pour éterniser sa mémoire, assurément plus durable que le marbre ou le bronze ; et aussi, pour se couronner elle-même d'un nouveau lustre, s'enrichir d'un nouveau fleuron, en décernant un éclatant hommage, un hommage public et solennel, au mérite, à la vertu, à un talent de premier ordre, dans la personne même de l'incomparable Charentais !

Sireuil, le 29 janvier, en la fête de saint Césaire,
archidiacre d'Angoulême.

LE DOCTEUR BOUILLAUD

Le docteur Bouillaud, dont les obsèques ont eu lieu hier, au milieu d'un immense concours de médecins et de savants, est sans contredit une des plus grandes figures médicales de ce siècle, et ses travaux en médecine sont au nombre de ceux qui, dans plusieurs siècles, seront encore pour les générations futures de véritables articles de foi.

Né en 1796, dans une petite bourgade des environs d'Angoulême, Bouillaud fit ses premiers pas dans la carrière médicale sous les auspices de son oncle, chirurgien des armées. Lorsque celui-ci l'eut initié aux mystères de son art, le jeune Bouillaud vint compléter ses études à la faculté de médecine de Paris, où il prit son titre de docteur en 1823.

Dès 1824, il entrait de plain pied dans le monde de la science par la publication de son fameux *Traité des maladies du cœur*, la plus consciencieuse étude du cœur humain, et qui obtint à l'Institut le grand prix de médecine.

Dix ans plus tard, après s'être longtemps livré à des recherches physiologiques, il concourut pour la chaire de physiologie vacante à l'Ecole. Dire qu'avec lui concoururent Gerdy, Bouvier, Trousseau, Piorry et Bérard, c'est rappeler combien le concours fut brillant.

Il ne manqua qu'une voix à Bouillaud pour être nommé ; au scrutin de ballottage qui eut lieu entre lui et Bérard, Bouillaud obtint cinq voix, tandis que Bérard en eut six.

Un incident, assez curieux pour mériter d'être rappelé, signala ce concours.

Bouillaud avait eu cinq voix et Bérard six : Bérard fut donc nommé, et déjà le nouveau professeur se croyait en possession définitive de sa chaire et calculait les jouissances de son nouveau grade...

Mais voilà qu'on assure à Bouillaud qu'il a eu six voix et que c'est probablement par une erreur inexplicable que le bulletin décisif s'est glissé dans le plateau de Bérard.

Comment vérifier le fait et quel parti en tirer ?

Voici :

Bouillaud, ayant obtenu l'assurance positive de six juges qui avaient voté pour lui, pensa qu'aucun d'entre eux ne lui refuserait sa déclaration écrite. Tous signèrent en effet, Dupuytren, en tête, en compagnie de Desgenettes, Itard, Marjolin, Hullier et Cruveilher.

Muni alors de ces six certificats, Bouillaud se présenta chez le ministre de l'instruction publique, et exposa ce fait, sans antécédent connu, et par conséquent en dehors de toute prévision parlementaire.

Mais cette démarche n'aboutit à rien. ayant été faite plus de vingt-quatre heures après le concours, terme fixé par les règlements. Bérard conserva sa chaire et... une grande rancune contre Bouillaud, qu'il accusa d'avoir violé en partie le secret des votes.

Bouillaud, aigri, mais non découragé, se résigna en espérant un nouveau combat. Celui-ci ne se fit pas attendre, car l'année suivante, en 1832, s'ouvrit un second concours pour une chaire de Clinique médicale.

Il se présenta en concurrence avec Louis, Gendrin, Rostan et Piorry, et fut cette fois nommé sans contestation.

Ce concours, qui fut aussi très remarquable, se distingua par l'hétérogénéité des doctrines émises. Les candidats n'eurent pas seulement un antagonisme matériel, il s'établit entre eux une lutte intellectuelle, image de celle qui agitait alors le monde médical. Il y eut cependant un point sur lequel les concurrents semblèrent avoir ourdi une conspiration contre les doctrines physiologiques. Ce fut à celui qui leur porterait les plus rudes coups. Mieux inspiré que ses collègues, Bouillaud s'abstint de tremper dans cette conspiration, et non seulement il se montra fidèle à l'étendard sacré, mais encore il le défendit avec toute la force de son talent et toute la chaleur de sa conviction.

Sa nomination fut accueillie par tous les élèves avec les plus grandes démonstrations de joie.

Bouillaud prit alors possession, à l'hôpital de la Charité, de la chaire de clinique médicale, — illustrée déjà par Laënnec et Corvisart, — ainsi que des deux salles Sainte-Madeleine et Saint-Jean-de-Dieu, directement situées au-dessus de la salle des séances de l'Académie de médecine.

Ses cours furent suivis par une foule innombrable d'élèves jaloux de goûter ses remarquables leçons qu'il réunit en trois volumes, publiés en 1835 sous le titre de : *Clinique médicale de la Charité*. Presque en même temps parut son fameux *Traité clinique du rhumatisme articulaire aigu, et de la loi de coïncidence des inflammations du cœur avec cette maladie*, ouvrage servant de complément indispensable au *Traité des maladies du cœur*, et qui est sans contredit son plus beau titre de gloire.

**

En 1842, le savant professeur s'offrit aux électeurs du département de la Charente pour les représenter au Corps législatif. Il fut élu, à une immense majorité, représentant du peuple ; mais son élection fut cassée parce qu'il n'avait pas son domicile dans le département où il s'était présenté. Bouillaud se représenta encore en 1843 et fut élu à l'unanimité des suffrages. Cette fois son élection fut validée.

Les étudiants saluèrent le professeur député de leurs bravos frénétiques, et l'un d'eux se levant au milieu de l'amphithéâtre, le félicita au nom de tous de l'immense succès de son élection. Bouillaud alors, d'une voix émue, répondit qu'il était très sensible à ce témoignage de sympathie et que toute sa vie il serait partisan du progrès en politique, comme il l'avait été du progrès de la science.

Jusqu'en 1846, c'est-à-dire pendant toute la durée de son mandat, et tout au contraire de M. Nisard, son collègue à la Chambre, il vota toujours avec la gauche et ne voulut jamais consentir à l'abaissement de la France dans la triste question de l'indemnité Pritchard.

Ce fut à cette époque que lui arriva l'histoire assez piquante qu'on va lire.

Guizot, qui occupait alors le ministère des affaires étrangères, avait réuni dans une splendide soirée bon nombre de représentants de toute nuance, parmi lesquels se trouvaient Thiers et Bouillaud.

Thiers causait de la *Fièvre jaune,* qui sévissait alors à Marseille, dont il était le mandataire à la Chambre.

Apercevant le docteur, il le pria de lui donner quelques explications sur le terrible fléau. Bouillaud décrivit en quelques mots à son collègue cette horrible maladie. Mais ses explications ne satisfirent nullement Thiers, qui, se récriant :

— Mais j'ai étudié cette maladie, monsieur, et je n'y ai rien vu de tout ce que vous venez de me dire !

Bouillaud, fort étonné de cette réponse, rappela alors un détail historique à son collègue, qui venait de publier les premiers volumes de son *Histoire du Consulat et de l'Empire.*

— Vous, M. Thiers, qui connaissez si bien l'histoire et qui l'écrivez encore mieux, vous souvenez-vous de ce fait? On raconte qu'Annibal, prisonnier chez Prusias, ayant entendu parler d'un nommé Fabius, qui faisait des leçons admirables sur l'art de la guerre et la tactique militaire, ce conquérant voulut connaître ce Fabius.

L'histoire ajoute qu'Annibal ayant entendu le rhéteur, ne put s'empêcher de s'écrier : « *Multos vidi delirare homines, sed nunquam magis quam Fabium !* »

Thiers comprit et..... se vengea à quelque temps de là, en pleine séance de la Chambre.

Bouillaud venait de prononcer un discours dans lequel il avait été quelque peu question de médecine. Sans même attendre que l'orateur fût retourné à son banc, Thiers se précipita à la tribune.

— Messieurs, dit-il, M. Bouillaud vient de vous parler de médecine, je vais, moi, vous parler du sens commun.

***

En 1846, Bouillaud fut nommé membre du conseil supérieur de l'Université ; mais il donna bientôt sa démission et fut remplacé par Chomel.

Promu l'année suivante au grade d'officier de la Légion d'honneur, il fonda, lam ême année, l'Association du corps médical de Paris, dont il fut nommé président à l'unanimité.

La révolution de 1848 venait d'éclater.

Bouillaud fut nommé doyen de la Faculté de médecine, en remplacement d'Orfila. Ces fonctions n'étant pas faites pour lui, et une discussion très vive et très animée ayant eu lieu à l'école, au sujet de quelques soupçons qu'il avait laissé planer sur l'exactitude des comptes rendus par son prédécesseur, il abandonna la place du décanat, que reprit Bérard.

Détail à noter : pendant son passage au décanat, Bouillaud fit passer les thèses dans le grand amphithéâtre de la Faculté, avec une certaine solennité. Aujourd'hui, les thèses se passent pour ainsi dire en famille, en vrai tête-à-tête et sans que personne s'en doute.

A partir de 1848, l'illustre médecin, retiré de la vie

politique et administrative, redevint le simple professeur de clinique médicale, toujours couru, toujours aimé.

∗

Bouillaud est un homme dont la vogue et la réputation ont été très grandes. Il a fait pour la science immensément plus que bien des confrères qui ont eu plus de succès que lui. Il n'est pas une partie de la médecine traitée par lui qui n'ait été frappée au bon coin. Il a porté la science du diagnostic à son plus haut degré. Rien n'égalait la précision, l'exactitude et l'habileté avec lesquelles il explorait une maladie. Dans les sociétés savantes, il n'était pas un nom qui fît plus autorité.

Plusieurs de ses théories, acceptées jadis avec enthousiasme, sont aujourd'hui pour la plupart abandonnées ; mais ses écrits sur les *Maladies du cœur* et sur le *Rhumatisme articulaire*, nous ne saurions trop le répéter, sont des monuments superbes et impérissables, qui suffiraient pour porter son nom jusqu'à la postérité la plus reculée.

En 1867, le Congrès médical international, qui réunit à Paris toutes les célébrités médicales du monde entier, nomma Bouillaud son président à l'unanimité. Personne n'a oublié avec quel rare bonheur il s'acquitta de cette tâche rude et difficile, grâce à son esprit d'à-propos, à son exquise courtoisie, à son immense savoir et à son talent oratoire sans pareil.

Après un tel honneur, le gouvernement s'aperçut que Bouillaud n'était qu'Officier de la Légion d'honneur et le nomma Commandeur. De son côté, ce brave Institut se souvint enfin que Bouillaud n'était pas des siens et s'empressa de le nommer membre titulaire en 1868. Bouillaud put se consoler de cet hommage tardif en songeant que ses illustres maîtres, Laënnec, Broussais et Bichat, ne furent pas aussi heureux que lui.

Je demande une statue pour Bouillaud. Il la mérite !

Dr Paul LABARTHE.

BOUILLAUD CHRÉTIEN

Bouillaud n'est plus !

Sa mort a fait partout sensation, une sensation profonde.

Elle a été, en particulier, pour les corps savants, dont il était membre, un véritable coup de foudre ; et tous en ont porté et en porteront longtemps le deuil.

La France vient de perdre en lui un de ses meilleurs, un de ses plus grands citoyens ; la science médicale, une de ses illustrations ; la Charente, une de ses gloires les plus pures ; Garat, qui lui a donné le jour, sa couronne d'honneur ; et l'Eglise, elle, perd de son côté un fils soumis dévoué, respectueux, un fils docile à ses enseignements.

Né le 16 septembre 1796, vers la fin du dix-huitième siècle, presque au lendemain des saturnales de la Terreur, à cette époque sombre et de lugubre mémoire, où le vieux culte national, vilipendé, proscrit, se voyait banni de France après quatorze siècles de grandeur intellectuelle et morale sans exemple dans l'histoire ; à cette époque néfaste où le sang français, après avoir ruisselé du haut de l'échafaud dressé sur nos places publiques, allait couler à flots sur tant de champs de bataille, comme une sorte d'expiation pour une longue série de forfaits sans nom ; à cette époque de démence, où une vile créature, surnommée la déesse de la Raison, trônait insolemment sur nos autels souillés, profanés, à la place du vrai Dieu, le jeune Bouillaud, qui ne fut baptisé qu'à l'âge de huit ans, par suite du malheur des temps et de la tourmente révolutionnaire, allait respirer dès ses premiers pas dans la vie un air vicié.

Il allait grandir dans une atmosphère saturée de sensualisme, de naturalisme, tout imprégnée de miasmes délétères au suprême degré. Il allait être jeté, au sortir de l'enfance, dans un milieu des plus malsains.

De bonne heure, en effet, on le voyait professer une sorte de culte pour les deux adeptes trop fameux de la libre-pensée, Jean-Jacques Rousseau et Voltaire, dont il admirait les œuvres, le génie.

Il les prônait, il les portait aux nues, sans avoir conscience le moins du monde, à cette époque, du mal immense fait par les deux coryphées les plus en vue d'une école tristement célèbre, à la société française dont ils ont sapé, ébranlé, mis à nu jusqu'aux fondements.

Parti de là, avec une intelligence dévoyée au début, élevé qu'il allait être à l'école du scepticisme frondeur et de l'incrédulité railleuse, on devine aisément quel chemin il lui fallut faire pour sortir de ce dédale inextricable de préjugés et d'erreurs dans lequel il s'était résolument engagé à fond avec toute la fougue de son tempérament ; quels efforts lui furent nécessaires pour se frayer un passage à travers tant d'obstacles accumulés autour de lui, pour remonter la pente sur laquelle il glissait, pour percer la muraille, pour pénétrer jusqu'au cœur de la place, pour parvenir à atteindre les sommets si élevés, si lumineux, mais en même temps si ardus, de l'éternelle Vérité.

On va voir comment il s'y prit.

Avec un esprit ferme comme le sien, une âme droite, un jugement sûr, il se mit à chercher de bonne foi la lumière, et cette lumière que Dieu ne refuse à personne, ni aux lettrés, ni aux plus petits de la terre, pourvu qu'ils soient, les uns et les autres, d'un esprit docile et de bonne volonté, il la trouva à la fin.

Il lut la Bible, il s'adonna à la lecture des Pères de l'Église, il alla admirer, à Notre-Dame, les orateurs sacrés en renom, les Ravignan, les Lacordaire, pour ne parler que des plus illustres, et un jour, entendant, comme autrefois Saul sur le chemin de Damas, une grande voix du ciel qui parlait à son cœur, il tomba, l'âme éclairée d'une céleste lumière, les yeux baignés de larmes, agenouillé aux pieds d'un ministre des autels, pour se relever croyant, ouvrier de la onzième heure, comme parle l'Evangile, chrétien pratiquant et fidèle, fidèle jusqu'à la mort.

Courbe la tête, fier Sicambre, avait dit saint Remi à Clovis, adore ce que tu as brûlé, brûle ce que tu as adoré ; et à lui aussi il en fut dit autant.

Les prières de toute une famille chrétienne, le plus doux charme de sa vie, n'ont pas dû sans doute être étrangères à une si grave et si heureuse détermination.

Il était de la race des esprits supérieurs, et les

esprits de cette trempe, une fois entrés dans le giron de l'Eglise, n'en sortent plus.

L'Eglise est un grand foyer de lumière, de chaleur et de vie, un instrument civilisateur par excellence ; et rien ne la vaut, rien ne la peut remplacer, pour relier entre eux les esprits et les cœurs, pour assurer l'ordre et la paix, la prospérité vraie, au sein des sociétés.

Elle est donc non pas une étrangère, comme on le dit à tort quelquefois, pour quelque peuple que ce puisse être, par cela même que son siège principal est à Rome ; mais elle est la meilleure gardienne des libertés publiques ; elle est une amie sûre et dévouée, toujours fidèle dans la bonne comme dans la mauvaise fortune, constamment associée à toutes les joies comme à toutes les douleurs de la famille.

Et il n'y a pas sous le soleil une pareille grandeur, une force morale comparable à la sienne, un aimant qui attire et subjuge à ce point les grandes âmes.

Tous les novateurs, tous les fous furieux, que l'on voit s'attaquer avec rage, durant le cours des siècles, à la constitution divine de l'Eglise, entreprendre de porter sur l'Arche sainte une main sacrilège, déchirer la robe sans couture et immaculée du Christ, viennent tour-à-tour se briser avec plus ou moins de fracas contre le roc éternel.

C'est la loi de l'histoire, une loi immuable, une loi aussi ancienne que le christianisme, une loi primordiale qui régit le monde depuis des siècles et qui le régira jusqu'à la fin, une loi d'ordre supérieur et divin, une loi à laquelle, malgré tous les engins destructeurs dont ils disposent pour écraser, *per fas et nefas,* ce que du temps de Voltaire on appelait l'Infâme, ce qu'on appelle aujourd'hui d'un autre nom le Cléricalisme, nos modernes iconoclastes, grands pourfendeurs de crucifix, grands dénicheurs de moines, vrais foudres de guerre, sous un régime libéral, égalitaire, fraternel, comme celui que nous avons, ne sauraient tôt ou tard échapper.

« Il y a plaisir d'être dans un vaisseau battu de « l'orage, a dit excellemment Pascal, lorsqu'on est « assuré qu'il ne périra point. Les persécutions qui « travaillent l'Eglise sont de cette nature. »

A partir de l'époque où la lumière divine est venue éclairer son âme, de ses clartés toutes célestes, on put voir l'élève favori d'Hippocrate, devenu le disciple et l'admirateur de saint Augustin, assister régulièrement le dimanche à l'office divin, observer religieusement la loi de l'abstinence, obéir ponctuellement au précepte sacré de la confession annuelle, de la communion pascale, sans ostentation comme sans respect humain.

Il avait grand soin de donner à son âme une nourriture substantielle, un aliment divin, lisant chaque jour la Bible, à la manière des grands esprits du siècle de Louis XIV, nourris de la moelle des lions, la vie des saints, l'Imitation de Jésus-Christ.

Il se faisait un devoir, un honneur d'offrir, dans sa riante et profonde solitude des Bergerons, au premier pasteur du diocèse, la plus gracieuse hospitalité, toutes les fois que l'imposante cérémonie de la confirmation avait lieu sur sa paroisse angoumoisine, à Roullet.

A voir tant d'hommes de nos jours ne plus connaître le chemin de l'Eglise, le chemin qu'ont suivi tous les grands hommes de notre France, tous les hommes véritablement grands dans les sciences, les lettres et les arts, dans la magistrature et dans l'armée, on ne peut s'empêcher de se rappeler ce mot si juste et si profond du célèbre Bacon : « Beaucoup de philosophie ramène à la Religion, peu en éloigne. »

Même avant son retour aux pratiques exactes de la vie chrétienne, il appartenait, par les tendances de son esprit transcendant, à l'école spiritualiste.

Et c'est avec une légitime et vertueuse indignation qu'il s'élevait fortement contre certaines célébrités contemporaines, assez osées pour mettre Dieu brutalement à la porte de leurs cours, proscrire même jusqu'à son nom ; ce nom sacré, porté du couchant à l'aurore sur les ailes des Anges ; ce nom loué, béni, chanté, dans toutes les langues, dans tous les temps, par les plus beaux génies, sur tous les points de l'univers ; ce nom écrit en lettres de feu au front majestueux du firmament étoilé ; ce grand nom que ne prononçait jamais, sans ôter son chapeau, en signe de respect et d'admiration profonde, un astronome illustre entre tous, un des maîtres les plus autorisés de la science, un homme tel que Newton.

Je ne me pardonnerais pas d'omettre ici un détail qui a son prix.

En 1870, au plus fort de la guerre, au cœur même de ce cruel hiver tout plein de poignants souvenirs, quand tous les fléaux semblaient s'être à la fois déchaînés sur notre malheureuse France, mutilée et sanglante, et qu'une terrible épidémie sévissait tout autour de nous, moissonnant des victimes sans nombre, je m'avisai un jour de lui en demander la cause.

« *Quod divinum* » fut toute sa réponse.

C'était confesser hardiment le néant de la science humaine, déclarer sans ambages le problème insoluble avec les seules lumières de la raison.

C'était reconnaître du même coup que tous les fléaux, quels qu'ils soient, le phylloxéra, par exemple, comme les autres, ont pour auteur un Dieu vengeur de sa majesté outragée, de sa loi sainte indignement foulée aux pieds.

Grave, méditatif, ami du silence et du recueillement, matinal à l'étude, d'une modestie rare, égale à son mérite, il était simple, sans faste ; grand, quand il le fallait paraître, avec les grands seigneurs.

Il y avait dans son air ascétique, dans son teint olivâtre, dans toute sa personne, jusque dans le feu de son regard d'aigle, un mélange de dignité, de grâce et de force, qui commandait le respect et décelait en lui l'homme supérieur.

D'une régularité de mœurs exemplaire, d'une sobriété sans égale, il avait en horreur la bonne chère, ne faisant jamais usage de vin pur, ni de liqueurs, à ses repas.

Il aimait à coucher sur la dure, comme on raconte que quelques-uns de nos plus grands guerriers se plaisaient à coucher sur un lit de camp.

Il fut le modèle des époux.

Et la mort, si soudaine, si imprévue, de la noble et vertueuse compagne, que Dieu lui avait donnée, un ange de piété, une vraie sœur de charité, dans toute l'acception du mot, jeta un voile de tristesse sur le reste de ses jours ; ce lui fut un coup bien sensible dont son cœur a toujours saigné et dont il ne s'est jamais consolé pleinement.

Il fut aussi le modèle des pères, comme il a été le modèle des maîtres chrétiens. Victor, son fidèle valet de chambre, ne l'oubliera jamais.

Levé dès l'aube, quand il était en villégiature aux Bergerons, vêtu simplement, sans apprêt, sa canne à la main, il en parcourait tous les sentiers humides de rosée, avec la fraîcheur du matin et le chant de l'alouette dans les airs, interrogeant les travailleurs qu'il surprenait à l'ouvrage, adressant à chacun d'eux quelque mot bienveillant.

Les beautés de la nature avec ses grands spectacles n'étaient pas pour lui sans charmes : il y voyait l'empreinte ineffaçable et comme la vivante image ou le reflet du Créateur.

Il avait des goûts simples comme à l'antique.

Sans être un anachorète, il préférait au bruit et au tumulte du monde la vie solitaire, au sein de l'immensité et de la profondeur des bois.

Les ombrages touffus et les mille voix des oiseaux, répandus çà et là dans le bocage, à couvert des rayons du soleil, suspendus aux rameaux noueux des vieux chênes, parés d'une si fraîche, si luxuriante verdure, mêlant leur doux ramage à la voix aérienne que l'on entend murmurer dans l'espace des notes plaintives, à travers le feuillage agité, roulé en sens divers ; toute cette suave harmonie, harmonie sublime et quasi-céleste, donnait des ailes à sa pensée et le jetait dans un ravissement inexprimable.

Il buvait à longs traits à la coupe enchanteresse des plaisirs les plus purs qu'il soit donné à l'homme de goûter ici-bas, vraies délices de l'âme ; et rien n'avait de prix à ses yeux comme les jouissances champêtres.

Oh! qu'il a dû redire plus d'une fois avec le cygne de Mantoue :

> *O fortunatos nimium, sua si bona nôrint,*
> *Agricolas!*

Il lui plaisait tant de rêver seul, sans témoins, à la campagne, de s'égarer silencieux dans les sombres bosquets des Bergerons, au fond de la charmille, de se replier sur son âme en repos, fermée à tous les soucis terrestres, envolée vers les régions supérieures, pour converser seul à seul avec Dieu !

Témoin attristé des funestes ravages exercés de nos jours dans les âmes par une presse vénale, sans pudeur et sans frein, laquelle s'en va chaque matin déversant partout le poison, jusqu'au fond du dernier hameau de France ; spectateur indigné des attaques furibondes, incessantes, dirigées contre le christianisme que l'on veut étouffer aujourd'hui dans la boue, et demain dans le sang, que l'on veut faire disparaître à tout jamais du vieux sol gaulois, défriché par les moines, fécondé par leurs sueurs, illustré par leurs veilles, arrosé du sang de nos martyrs ; adversaire résolu de la séparation de l'Eglise et de l'Etat, une question brûlante, grosse d'orages, et dont toute une grande nation est l'enjeu, une formule élastique, commode, inventée tout exprès pour dépouiller légalement l'Eglise de son patrimoine antique et sacré, au mépris de toutes les conventions, au mépris de la foi jurée et des traités les plus solennels ; en face du socialisme cosmopolite, dont le flot grondant monte, monte toujours, menaçant de rompre toutes les digues, menaçant de tout emporter dans sa fureur, si les potentats de

l'Europe n'avisent à remettre à sa place, dans des conditions assurées de pleine indépendance, à l'abri de toutes les fluctuations de la politique humaine et de toutes les compétitions rivales, en vue d'un intérêt général de premier ordre, la Papauté, la grande institution séculaire, source et principe de toute autorité, l'unique sauvegarde du bon droit, le plus ferme rempart de la civilisation contre la barbarie, la vraie clef de voûte de l'édifice social européen, il aimait à se renfermer de plus en plus dans sa chère solitude, à mesure qu'il avançait en âge, désireux de rester complètement étranger à tous les vains bruits du monde, pour oublier la terre et ne penser qu'au ciel.

D'un autre côté, c'est ce qui explique en partie le vif attrait qu'on lui voit dans ces dernières années pour les excursions lointaines, à un âge où les voyages fatiguent, où l'on n'aime guère à s'éloigner de ses pénates chéries.

Au mois de février 1881, il quittait Paris pour longer les bords tant vantés de la Méditerranée, et il visitait successivement Cannes, Nice, Menton, Gênes, Toulon, Marseille.

Du haut du rivage, il humait avec délices, avec une sorte d'enivrement et de passion, les fortes brises de la mer.

Et, à la vue de la vaste nappe d'eau où l'azur du ciel dans toute sa pureté venait se réfléchir, unie comme une glace, parfois étincelante aux rayons du ciel, toute couverte de blanches voiles, apparaissant, disparaissant tour à tour à l'horizon, dans le lointain, dans la brume, au sein des flots ; à la vue de l'immensité sans bornes, se déroulant devant lui, à ses pieds et au-dessus de sa tête, tout transporté, tout hors de lui-même, il s'abandonnait, avec son âme de feu, à la plus délicieuse rêverie, perdu, abîmé en Dieu, océan infini d'éternelle lumière, d'éternelle beauté, d'éternelle splendeur, le centre universel d'où tout part et rayonne, et où tout vient converger, l'alpha et l'oméga, le principe et la fin de tout.

Ces grandes scènes de la nature, toujours si imposantes, ont dû plus d'une fois lui remettre en mémoire et faire revivre dans son esprit le colloque à jamais mémorable, si sublime et tout divin, de saint Augustin et de sainte Monique, appuyés à une fenêtre d'une maison d'Ostie, à l'embouchure du Tibre, abîmés l'un et l'autre, les yeux attachés au ciel, « la bouche du cœur ouverte », l'âme comme affranchie des liens du corps et comme déjà en pleine possession de la claire vision, de la vision intuitive, dans une ravissante et inénarrable contemplation des choses de l'éternelle vie.

Le 15 mars 1881, tenant à se recommander d'une manière toute particulière à la madone, protectrice tutélaire de la cité phocéenne, on le vit faire à pied, en vrai pèlerin, la pénible ascension de N.-D. de la Garde.

Parvenu au sommet de la plate-forme d'où le regard embrasse un magnifique horizon, il était tout haletant, et il lui fut bien permis de se demander si beaucoup de visiteurs du célèbre sanctuaire ont eu, à son âge, la douce consolation de pouvoir en faire autant.

Après avoir fait, comme on disait au bon vieux temps, ses dévotions à N.-D. de la Garde, l'âme rassérénée, réconfortée, tout radieux d'avoir pu accomplir un si pieux projet et satisfaire pleinement un grand désir, un grand besoin de son cœur, il se remit en route, en passant par Lyon, et rentra à Paris.

L'été dernier, il était revenu, comme les années précédentes, à sa délicieuse villa des Bergerons, qu'il aimait tant à habiter, une partie de l'année, entouré des siens.

Il m'a été donné de le revoir dans cette circonstance, alerte, agile, sain de corps et d'esprit, d'une placidité d'âme remarquable, pas du tout courbé sous le poids des années.

Je le revoyais avec une joie indicible, et je me plaisais, il m'en souvient, à rêver encore pour lui de longs jours.

Hélas ! le ciel ne devait pas exaucer mes vœux, et c'est pour la dernière fois qu'il me tendait la main, qu'il me faisait ses adieux.

En juin, durant ce dernier et trop court séjour aux Bergerons, abrégé pour des causes diverses et par des considérations de plusieurs sortes, il tomba gravement malade d'un anthrax.

Il garda la chambre et le lit pendant trois semaines environ, supportant patiemment son mal, avec un admirable courage, avec une résignation toute chrétienne.

A une certaine phase de la maladie, il y eut de vives appréhensions pour une si précieuse existence; grâce à Dieu, il n'en fut rien.

Dans une situation si périlleuse, au risque d'aggraver son état et même d'exposer sa vie, on le vit, ramassant toutes ses forces, descendre de sa chambre, quoique bien souffrant et bien faible encore, pour donner ses bons soins à une personne, venue d'un département voisin, et qui réclamait les secours de son art.

C'a été sa dernière cure faite dans les circonstances que l'on connaît ; et cette cure, inspirée par un sentiment de charité chrétienne, ne sera ni son moindre titre de gloire à ajouter à tant d'autres, ni son moindre titre de recommandation devant Dieu et devant la postérité.

A quelque temps de là, peu après son rétablissement, un jour, dans l'embrasure d'une fenêtre, au cours de la conversation avec son bon curé de campagne, un vrai type de bonhomie pyrénéenne, de simplicité, de franchise, de loyauté, d'honneur, il lui échappa de dire :

« Savez-vous bien qu'il y a eu une nuit, entre
« autres, où j'ai eu à souffrir terriblement de ce
« cruel anthrax ! »

« Savez-vous bien que j'ai même failli troubler
« votre repos, vous déranger au milieu de votre
« sommeil, et que j'ai été sur le point de vous
« envoyer chercher en pleine nuit ! »

Comme il était donc fermement résolu à ne pas quitter cette terre de l'exil, où il se sentait à l'étroit, sans recevoir les derniers sacrements, un passeport pour l'autre vie !

Au mois de septembre 1881, poursuivi, tourmenté par ce besoin de l'Infini, que nous portons partout avec nous, au plus intime de notre être, l'esprit tout occupé des grandes pensées de l'éternel avenir, il voulut revoir la Suisse.

La Suisse, avec ses lacs aux flots bleus, avec ses pics neigeux, élevés comme des pyramides au sein des nues, avec ses gracieux paysages, suspendus comme des nids d'oiseaux aux flancs des rochers escarpés, couronnés de bois de pins d'un vert sombre ; la Suisse, avec ses cascades jaillissantes, aux ondes argentées, pleines de fraîcheur et de limpidité ; la Suisse, avec ses vals ombreux, avec ses gorges profondes, avec ses sites, tantôt riants, tantôt sauvages, si accidentés, si pittoresques !

Il passa trois semaines environ à Montreux, faisant chaque jour quelque promenade en voiture.

A l'aspect saisissant des merveilles, des magnificences de la nature, des tableaux enchanteurs, des scènes grandioses, dont il était environné de toutes parts ; à l'aspect des splendides et étincelants couchers du soleil qu'il aimait tant à contempler au sommet des montagnes, il tombait dans une sorte d'extase, le nom béni de Dieu s'échappait de ses lèvres émues, il ne se lassait pas de rendre gloire à l'Eternel comme à l'Auteur unique de toute la création.

Le 15 octobre, il était de retour à Paris, pris de lassitude et d'une fatigue extrême.

Trois jours après, il se voyait dans la nécessité de garder la chambre et de se mettre au lit. Pour la première fois de sa vie, on le vit s'attrister de se sentir si faible.

Quand vient l'heure du départ, quand l'heure de la séparation est proche, heure toujours si cruelle pour des cœurs sympathiques, on ne se quitte pas sans regret, sans tristesse, sans serrement de cœur, sans avoir des larmes dans les yeux, lors même que l'on garde avec soi, au fond de son âme, la précieuse espérance de se revoir au ciel dans un monde meilleur.

« Je me sens, dit-il à son entourage, accablé tout
« d'un coup sous le poids de mes 85 ans. Me voici
« comme Job cloué sur mon lit de souffrances. »

Il allait souffrir, comme l'homme de Dieu, sans
plainte, sans murmure ; il allait souffrir comme lui
jusqu'au bout, calme, patient, résigné.

Le 26 octobre, le P. Lesueur, son confesseur, étant
venu dîner dans sa famille et demander de ses nouvelles, il recommanda expressément qu'on lui fît de
sa part « ses spéciales amitiés. »

Durant le cours de cette maladie dont le dénoûment devait être si fatal, alors que son estomac ne
pouvait recevoir que difficilement les aliments, et
encore à petite dose, il se reprochait en quelque
sorte les légers adoucissements apportés à son mal,
il avait sans cesse présente à la pensée l'image du
divin Crucifié.

« Jésus-Christ, disait-il, n'a jamais fait ainsi.
« Toute sa vie, depuis la crèche de Bethléem jusqu'à
« la croix du Golgotha, n'a été qu'une vie d'abné-
« gation, une vie de renoncement absolu à sa volonté
« propre, une vie de sacrifice, une vie de perpétuelle
« immolation. »

Ses forces physiques allaient s'affaiblissant graduellement de jour en jour, l'appétit avait à peu près
complètement disparu, la vie se retirait lentement
de ce corps affaissé sous le poids des années, bien que
doué encore d'une énergie morale peu commune ; et,
seule, l'eau glacée des sources qu'il trouvait délicieuse, calmait sa soif ardente.

Le sommeil ne tarda pas à fuir ses paupières
fatiguées, et ce fut dans la suite une insomnie continuelle qui le brisait.

Une seule fois, il dormit trois quarts d'heure, si bien qu'à son réveil il parut avoir oublié son mal. Ce fut là tout le repos qu'il goûta durant sa maladie.

En pleine possession de toutes ses facultés mentales, de cette lucidité d'esprit qui ne l'abandonna jamais, il se soigna lui-même jusqu'à la fin, et ses prescriptions semblèrent même un moment avoir conjuré la redoutable crise et triomphé du mal.

Faisant allusion à son anthrax du mois de juin, on l'entendit un jour dire : « J'ai triomphé cet été d'une rude crise, en sera-t-il de même cette fois ! »

Le vendredi soir, il crut à une légère amélioration et il manifesta le désir d'aller prendre quelque repos.

Hélas ! ce repos devait être des plus agités; néanmoins il ne s'était manifesté jusqu'ici aucun symptôme inquiétant.

A 10 heures, il fit la prière avec sa fille comme il la faisait habituellement chaque soir, demanda des nouvelles de tous les siens et se retira dans ses appartements.

Vers les trois heures et demie du matin, il demanda à se lever, et, avant de sortir du lit, il dit à haute et intelligible voix : « *Mon Dieu, je vous donne mon cœur.* »

Ensuite il se leva, fit quelques pas dans la chambre, s'assit près de la cheminée, appuyé, soutenu par une de ses filles qui ne le quittait pas, qui ne le perdait plus de vue, qui ne cessa de l'entourer jusqu'à la fin, avec une piété toute filiale, des plus tendres caresses, des soins les plus empressés, les plus délicats, les plus touchants.

Une minute plus tard, sans un mot, sans un soupir, sans un geste, sans un signe quelconque, il s'éteignait doucement comme s'éteint une lampe faute d'huile.

Il n'était plus !

Et cette âme, qu'il avait offerte à Dieu peu auparavant, venait de prendre son essor vers les cieux.

La mort ne l'a point surpris.

Elle l'a trouvé prêt, ceint d'une armure toute divine, le bâton du voyageur à la main, comme les patriarches des anciens jours, avec sa lampe allumée, suivant l'expression même de la sainte Ecriture ; elle l'a trouvé prêt, travaillant à la composition d'un ouvrage, qui devait être dans sa pensée un hommage solennel de plus rendu à notre sainte Religion, et qui ne devait être publié qu'après sa mort.

Il avait réglé, on se le rappelle, qu'aucun discours ne serait prononcé sur sa tombe, et que les honneurs militaires auxquels il avait droit ne lui seraient pas rendus, à son décès.

Ainsi a-t-il voulu se montrer chrétien à sa manière, jusque dans les bras de la mort, ne désirant qu'une chose, une seule, celle qui importe le plus au chrétien, quel qu'il soit, quelle que soit sa nationalité, son mérite, ou son rang dans le monde.

La croix seule et le prêtre, pour accompagner ses restes inanimés au cimetière, et pour conduire son âme au ciel !

Quelle différence entre les funérailles chrétiennes au-dessus desquelles monte et s'élève, parmi les flots d'encens, la prière ailée, enflammée ; au-dessus desquelles plane l'espérance, la vie, l'immortalité dans la lumière de la gloire, sous un ciel d'or habité par les anges chantant des hymnes à l'Eternel ; et les funérailles de la libre pensée au-dessus desquelles ne se montre que l'image de la Mort, avec son crêpe noir, de sinistre présage et de lugubre aspect; après lesquelles il n'y a plus rien, plus rien que la tombe froide et glacée, surmontée de l'équerre et du triangle abjects, plus rien que le néant !

C'est donc en chrétien que Bouillaud, une des sommités européennes de la science médicale, une des plus fières et des plus hautes intelligences de l'époque, un spécialiste hors ligne, vient de s'éteindre, non sans laisser après lui un large et profond sillon de lumière, que le temps, qui efface tant de choses, n'effacera pas.

C'est ainsi qu'il a employé fructueusement ses labeurs, ses veilles suprêmes ; c'est ainsi qu'il s'est doucement endormi dans la paix du Seigneur.

Désormais, sa renommée ira grandissant d'âge en âge, comme celle du juste qui ne connaît pas de déclin ; et il aura, notre illustre et tant regretté compatriote, sa place marquée dans l'histoire, à côté des plus grands hommes qui ont illustré le nom français, bien mérité de l'humanité et rendu gloire à Dieu.

Il était l'ornement, la parure, d'un pays qui se plaisait à admirer sa verte vieillesse ; et la perte d'un tel homme est une perte irréparable.

Le vide, que fait autour de lui après sa mort l'homme de bien, cause d'universels et de profonds regrets.

Il se fait sentir encore plus vivement, à une époque de crise violente comme la nôtre ; dans un temps où le dieu Etat fait fureur, comme aux temps de Tibère, de Caligula et de Vitellius ; dans un temps où la foule s'attelle au char triomphal du premier César venu, de haut ou de bas étage, se prosterne devant l'idole, brûle de l'encens au veau d'or ; dans un temps où les consciences se vendent et s'achètent à vil prix, où la servitude ne connaît plus de frein, où les âmes fortement trempées deviennent de plus en plus rares, où la société, sapée à la base, tremble et chancelle sur ses antiques fondements, où tout croule, où tout tombe, où tout s'affaise autour de nous.

Bouillaud laisse à sa famille en deuil, si respectable et si chrétienne, si digne de lui, quelque chose de plus précieux que tous les trésors de la terre : il lui laisse un héritage d'honneur, un héritage de gloire, qu'elle saura recueillir, un grand nom qu'elle saura porter, une réputation sans tache, de grandes vertus.

Pour nous, à qui il a été donné de lire dans son âme, si forte, si sereine, illuminée des rayons d'En Haut ; de sentir battre de près ce noble cœur d'amour pour l'Eglise et pour la France ; de découvrir tout ce qu'il y avait de trésors cachés dans cette nature d'élite ; mêlons nos regrets, nos prières, aux regrets, aux prières de tous les siens.

Supplions tous ensemble le Dieu qu'ont adoré nos pères, le Dieu de Clovis, de Charlemagne, de saint Louis, dont il s'est plu à glorifier, par sa vie et par ses œuvres, le saint nom, à la suite de tant de grands hommes, de vouloir bien accorder à celui dont la dépouille mortelle vient d'être confiée au sépulcre, et dont la belle âme s'est envolée vers les cieux, paix, repos, lumière éternelle.

Puisse ce bien faible et bien tardif hommage, rendu à la mémoire de Jean Bouillaud, notre immortel compatriote, Professeur honoraire à la Faculté de Médecine, Membre de l'Institut, Membre de l'Académie de Médecine, Commandeur de la Légion d'honneur, adoucir les regrets de ceux qui le pleurent et qui ne l'oublieront jamais !

Vivas in Deo !

Angoulême. — Imp. ROUSSAUD, rue Tison d'Argence, 5.

40

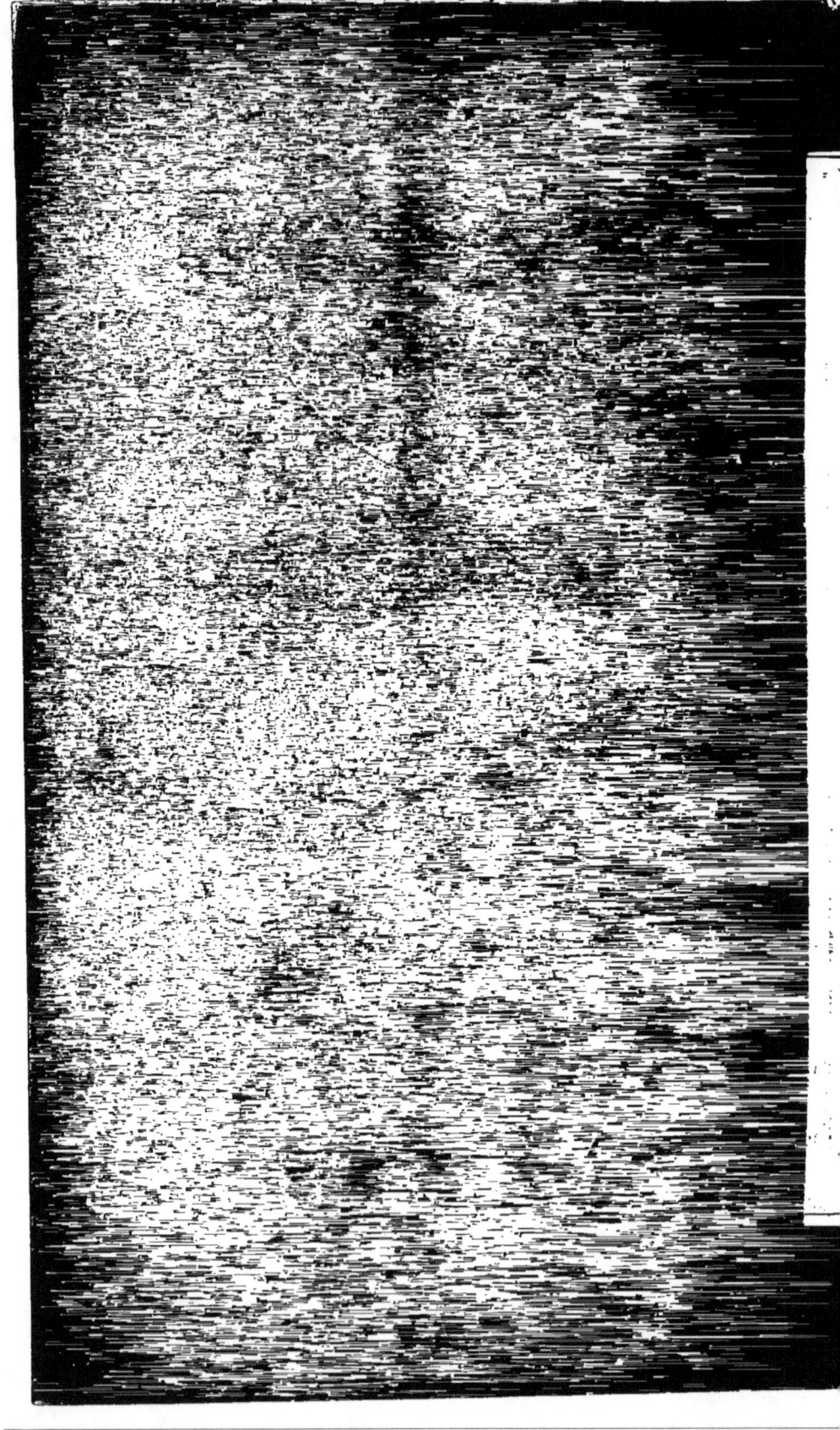

www.ingramcontent.com/pod-product-compliance
Lightning Source LLC
Chambersburg PA
CBHW060937050426
42453CB00009B/1059